Made in the USA
Monee, IL
07 December 2021

84177393R00068